님은 가셨습니다

님은 가셨습니다

초판 1쇄 인쇄 2016년 12월 15일
초판 1쇄 발행 2016년 12월 20일

지은이 조동진
펴낸이 金泰奉
펴낸곳 도서출판 띠앗
등 록 제4-414호

편 집 박창서, 김수정
마케팅 김명준
홍 보 김태일

주 소 (우05044) 서울시 광진구 아차산로 413(구의동 243-22)
전 화 (02)454-0492(代)
팩 스 (02)454-0493
이메일 ddiat@ddiat.co.kr
홈페이지 www.ddiat.co.kr

ISBN 978-89-5854-110-3 (03810)

*책값은 표지에 표시되어 있습니다.
*잘못 만들어진 책은 구입하신 서점에서 친절하게 바꿔드립니다.

님은 가셨습니다

조동진 시집

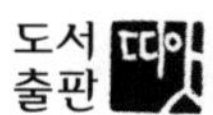

✿ 시인의 말

왠지 모르지만 나는 나의 모든 것을
서서히 잃어가고 있습니다.
내 짧은 생에 간직해 왔던
그 모든 것을 말입니다

그중에 제일 귀한 것은
내 사랑하던 님을 잃은 것이지요
물론 덤으로 또 많은 것을 잃었습니다
많은 것을 잃었으나
그중에 영원히 잊지 못하고
생각남은 나의 님이랍니다

잊으려 해도 잊을 수 없는
또 다른 나의 분신 내 님
먼 길 떠나신 그 님이 보고파
님을 위한 님을 그리는
님에게 받치는 넋두리

슬픔에 주절대든 것이
어느 사이 한편의
노래가 되어가고 있더군요
아마도 님이 내게 주신
마지막 선물인가 봅니다.

✿ 목 차

제2장 이정표

제1장

님의 손길

이삿짐 나르기에
어깨도 팔도 많이 아프다
파스라도 붙였으면 좋으련만
혼자서는 붙일 길이 없다
거울을 보며 애써 보지만
뜻대로 되지 않는다
님이 계실 때는
요리조리 아픈 곳을 찾아
잘도 붙여 주었는데…
하기에
님 생각이 절로 난다
부드러운 님의 손길이
마냥 그립다
따스한 님의 손길이…

님은 가셨습니다

님은 가셨습니다
한밤에 내리던 이슬비 따라
그렇게 조용히 떠나셨습니다
당신이 사랑하며 아끼신
모든 것을 다 버리고
그렇게 훌쩍 떠나셨습니다

님은 가셨습니다
한밤에 불던 하늬바람 따라
그렇게 쓸쓸히 떠나셨습니다
당신이 사랑하고 믿으며
늘 가까이 하고파했던
사랑하던 주님을 찾아서 말입니다

님은 가셨습니다
한밤에 내리던 빗줄기 속으로
그렇게 소리 없이 떠나셨습니다
모든 것 훌훌 다 벗어버리고
그렇게 훨훨 날아가셨습니다
영원한 안식처를 찾아서…

외로움

님 떠난 지금은
찾는 이도 부르는 이도 없다
외로운 데 외로운 데 말이다

핸드폰 역시 울릴 줄도 모른다
님의 핸드폰도
나의 핸드폰도 수면상태다
이 커다란 집 어느 곳에도
인기척은 없다

하기에 캄캄한
거실 한구석에 망부석처럼 앉아
떠난 님 그리워한다
뜨겁게 흐르는 눈물을 닦으며
외로움에 젖어 울고 있다

님이 보고파서…
님이 그리워서…

울고 싶은데

나무 위에서
매미가 울고 있습니다
목청껏 소리 내어 울고 있습니다
이곳저곳에서
한꺼번에 울기도 하네요
매미는 좋겠네요
울고 싶을 땐 언제든
마음껏 울 수 있으니까요

님 그리운 건 마찬가진데
난 울고 싶어도 울지 못하네요
소리쳐 통곡도 하고 싶고
목청껏 소리 높여
님의 이름을 부르며 울고 싶은데
보고 싶어 보고 싶어서
소리쳐 불러보고도 싶은데
님이 너무 그리워
가슴이 터질 것 같은데
소리치지도 못하고
그저 속으로만

속으로만 울고 있네요

악을 쓰며 통곡해 보고 싶은데
목이 메이도록
소리쳐 불러보고 싶은데
그렇게 못하고 또
속으로만 울고 있습니다
내 사랑하던 님을 찾으며…

짝 잃은 낚시꾼

입추가 지나더니
벌써 소슬바람 부네
이제 가을이 왔나보지

이 가을엔
긴 장화신고 물속에 들어가
낚시를 하겠다던
둘이 나란히 서서
망둥어 낚시를 하자던
그러면서 활짝 웃던
장난꾸러기 내 님

정녕 하늘 높고 물 맑은
낚시 철이 왔는데
그 님은 어디로 갔을까

언제나 가을이면
영종도로 제부도로
혹은 오이도로
낚시를 다니며

조개도 캐고 했는데
이제 짝 잃은 낚시꾼은
어찌하면 좋을까?

이 가을엔
어디로 가야하나
외로운 낚시꾼은
텅 빈 백사장에 홀로서서
옛 추억만 곱씹고 있네

36年

앞만 보며 달려온 세월
가슴 시린 아픔도 많았고
알콩달콩 사랑도 있었지
티격태격 다툼도 있었다

모진 비바람을 견디며
앞만 보며 달려온 세월 뒤켠에는
웃음 넘치는 기쁨도 있었다

풍요롭지는 못해도 넉넉하게 살았고
모두가 부러워하는
잉꼬부부 소리도 들었다
그러나 지금
나는 외톨이가 되었다

36年 살을 맞대고 살며
눈빛만 마주쳐도
서로의 마음을 읽을 만큼
우리는 함께 했으며
행복을 자신했었다

그러나 지금
나는 외톨이가 되고 말았다
내 님을 지키지 못했기에
짝 잃은 기러기가
되고 말았다
짝 잃은 기러기가…

보고 싶은 님

소슬바람 따라
귀뚜리 울음소리에
목청껏 울던 매미도
땅이 흥건히 젖도록
눈물을 흘리던 노송(老松)도
모두 다 울음을 그쳤는데
나의 두 눈에서는
쉼 없이 눈물이 흐른다
님 보고 싶음에
님이 너무 그리워서…

날이 가면 갈수록
더욱더 보고 싶어진다
무언가 빠진 듯 허전하며
마음은 무겁고 힘들다
님 보고 싶음에
님이 너무 그리워서…

가슴 시린 기억만이
자꾸 되새김질 한다

모락모락 피어오르는
사랑스럽던 님 생각에
눈물은 쉼 없이 흐르고
마음은 구름 따라
어딘지도 모르는 곳으로
한없이 흐르고 있다

님 보고 싶음에
님이 너무 그리워서…

사랑이란 새

사랑이란 손안에 쥔 새
너무 꼭 쥐어도 어설프게 쥐어도
놓칠 수 있다네
따뜻이 보듬어 주며
안정되게 보호해야지
내 손안에 있으니
내 것이라 자만(自滿)하면
어느 사이엔가 그 사랑은
저만치 날아가고 있겠지

사랑이란 허울 하에
너무 옥조이고 가둔다면
답답함을 못 참는 사랑은
숨 막힘을 피해 날아가려 하겠지

내 것이라 안심하고
잡은 끈을 놓는다면
그 사랑은 어느새
자유를 찾아 날고 있겠지
그러나

진정 사랑했는데
조심 또 조심도 하고
어쩌다 사랑에 끈을 놓쳐버린
그래서 사랑을 잃어버린
그런 사랑도 있지
그 사랑은
많은 슬픔과 추억과
그리움을 남기는 것

하기에 사랑을 잃고
눈물로 지새우는
슬픈 사랑도 있다오

그리움에 젖어 울부짖는
그런 사랑도…

얕은 꾀

한 잔 술에 시름을 달래고
두 잔 술에 그리움을 달래며
세 잔 술에 모든 곳을 잊으려 했는데

어허, 이걸 어쩌나
네 잔 술에 불현듯
그리움이 치솟으니
님의 모습이 눈에 어른거리니
아 ― 술김에 잊으려는
나의 얕은 술수(術數)에
추억이 반기(叛起)를 드는 구려

허니 이 노릇을 어찌할까
한 잔 술로는 잊을 수 없는
님과의 추억과 사랑을
사랑스럽기만 했던
수많은 님과의 일상을…

보고 싶다

보고 싶다
정녕 보고 싶다
떠나간 내 님 내 명수가
보고 싶은데 어떻게 하면 좋지

주님! 사랑하는 주님!
혹시 지금이라도
내 사랑 돌려주시면 안 될까요?
그렇게 할 수는 없나요?
이토록 한없이 보고 싶은데
어떻게 하면 될까요?
주님! 말 좀 해 주세요

아니
그 누구라도 좋으니
말 좀 해 주세요

어떻게
어떻게 하라고

추억

봄이면 들에 나가
냉이와 황새냉이를 캐고
산에 오르면
고사리를 꺾으며
흰잎 나물을 채취(採取)했지
갯벌에 나가면
바지락을 캐고
박하지를 잡으며
낙지도 잡았지

가을이면
고추와 고구마
이삭줍기를 하고
바다에 나가면
망둥어 낚시를 즐겼지
꾸둑꾸둑 말려서
조려먹기도 하고
회를 떠서 먹기도 했지
히히 하하 웃으며

님과 함께 즐거워했지

그러나
내 님은 아스라이
먼 곳으로 떠나셨기에
난 오늘도
지난날을 그리며
외로움에 떤다오

가신 님 내 님이
너무도 보고프고 그리워서…

죽

36년
생사고락을
같이 해온 세월
슬픔과 기쁨을 맛보며
같이 웃고 같이 울었지

틈만 나면 찾던
제부도에선
비바람 몰아치는 야밤에
촛불을 벗 삼아
고스톱에 열중하기도 했지

때로는 밤낚시를 즐기며
우리들의 청사진도 그렸지
아이들이 커서 어른이 되면
우리 둘이 좋은 차 한 대 사서
팔도강산 유람하자고
팔도강산 별미도 먹어보자고
그렇게 너무도 죽이 잘 맞던
잉꼬부부였는데

모두들 부러워하던 부부였는데
너무도 갑작스레
내 곁을 떠나신 님에게
나는 무엇을 해줄 수 있을까

좋아했는데
너무도 좋아했는데
나는 아무것도 해줄 수 없는
그저 그런
그저 무능한 인간이었네

보이지 않는 이별

방 한쪽 구석에
덩그러니 앉아서
누군가가
찾아주길 기다리는
저 핸드폰도
나와 같이
주인을 잃었지

하루 이틀 그리고
달이 바뀌도록
찾는 이 없어 울릴 줄도 모르네
무엇을 어떻게
해야 할 줄도 모르기에
그저 덩그러니
한 쪽 구석에 앉아서
눈치만 보고 있네

이렇듯 모든 것들이
멈춘 듯 제 설자리를
잃어가고 있기에

하나씩 둘씩
사라져 가고 있다네

분신처럼
내 님 곁을 지키든 사물들이
이렇게 하나씩 둘씩
이별을 고하고 있네
마치 잃어버린
제 주인을 찾아가듯이
시나브로 사라지고 있네

님 그리워

하나 둘 모두들
돌아가고 난 빈 공장에
홀로 남아 먼 하늘을 본다

노을 진 하늘 저편으로
하얀 포물선을 그리며
비행기가 가고 있다

어디로 가는지 왜 가는지
혹시 저걸 타면
하늘 저편
어딘가에 계실 것 같은
내 님에게로
갈 수 있는 건 아닌지

구름 저 너머에서
웃으며 손짓할 것 같은
내 님에게로
갈 수 있는 건 아닌지
텅 빈 하늘 노을 속에

내 님이 계실 것 같아
하염없이 하늘을 본다

고운님 내 님 그리워
눈시울이 젖어 오는데
안 울겠다 해놓고
바보처럼 또 울고 있다

정전停戰

횡단보도에
신호등이 한 칸 한 칸 꺼지듯
우리네 인생살이도
한 칸 한 칸 꺼져가거늘
마치 정전(停電)이 된 것처럼
내 님은 갑자기 떠나셨지

하기에 나는
내 님을 잃어야 했지요
어느 날 갑자기 말입니다
정전됐던 전깃불은
다시 들어오 것만
한번 가신 내 님은
다시 돌아오지 않네요

서로 의지하며 살기를 36년
미운 정 고운 정 다 들여놓고
마치 정전된 것처럼
그렇게 갑자기
내 님은 떠나셨네요

이렇게 어이없이
잃어버린 내 님을
어디 가서 찾지요
정녕 찾을 길이 없을까요?
보고 싶은데 마냥 보고 싶은데

에덴동산

내 곁에서
나를 보살펴 주던
고운님 내 님은
어느새 동화 속에 나오는
아름다운 요정이 되어
저 먼 아스라이 먼
신비한 세계로 떠나셨습니다

평소에 드넓고 광활한 곳을
너무도 좋아하던 님이었기에
미리 내 저편에서 빛나는
오로라 성을 찾아서 떠나신 것 같습니다

그곳은 정녕
아름답고 평화로운
그리고 아픔과 질병이 없는
건강하고 행복한
그 누구도 상상할 수 없는
신천지(新天地)였으면 좋겠습니다

그래야 고운님 내 님이
평안(平安)히 쉴 수 있을 테니까요
아무런 근심걱정이 없는
무릉도원(武陵桃源)이었으면 좋겠습니다

그래야 고운님 내 님이
웃음을 잃지 않고
행복할 테니까요
그래야 님을 위한
평온(平穩)한 안식처가 될 테니까요

택배

가을이 오는데
가을이 왔는데
한 여름에
떠나신 내 님은
언제쯤 오시려나

돌아올 줄 모르고
귀뚜라미 울음소리만
환청처럼 들리는데
벌써 소슬바람이
옷깃을 여미게 하네

한 여름에
떠나신 내 님은
얼마나 쌀쌀할까
입성도 변변히
걸치지 못하셨는데

그리운 님 내 님
감기라도 들면 어쩌지

어딘지 몰라
찾아갈 수도 없는데
택배도
보낼 수 없는데

님 없는 타향

여보게!
이제 5일 남았네
5일 후엔
당신과 함께 쌓아온
당신의 손길과
당신의 숨결이 붙어있는
정든 곳을 떠나야 한다네

우리가 힘들게 쌓아온
우리들의 보금자리였는데
먹고 싶은 걸 참으며
얻어 쓰고 주워다 쓰면서 일궈온
우리들의 사랑에 보금자리였는데
이제 이 정든 곳을 떠나
낯선 타향으로 가야한다네

하기에 당신 보고 싶음에
이 마음 잡을 길이 없구려
당신이 너무도 그리워
숨이 막힐 것만 같구려

이제 님 없는 낯선 타향에서
어떻게 지탱해 나갈지
눈앞이 캄캄하기만 하구려

아는 이 아무도 없는
모든 곳이 낯설고 물 설은 타향에서
어떻게 살아나가야 할지
사랑했으나 지키지 못한
무능함에 내리는 벌이라 생각하며
굳은 마음을 가져보지만
이내 굳은 각오는 어디로 가고
뜨거운 눈물이 두 볼을 타고 흐르고 있네요
그리움에 젖은 뜨거운 눈물이…

첫날밤

아무도 없는 빈집에서
홀로 첫날밤을 맞는다
영정 속에 님과 함께 말이다
새로 산 내 집인데도
마음이 흡족하지 못하다

내 님이 안계시기에
내 님이 먼 길을 떠나셨기에
모두가 부러워하는
멋진 실내 공간의 집인데
왜 내 마음 한편이
무너지고 있을까

지금 이곳에 님이 계신다면
그 무엇과도 바꿀 수 없는
호사(好事)중에 호사(好事)일텐데

님아! 가엾은 님아
왜 이렇게
나만 호사를 누려야 되지?

고생이란 고생은 모두
님이 더 많이 하셨는데
잘못 고른 서방 챙기느라
모든 고생 감내(堪耐)하며 사셨는데

님아! 불쌍한 님아

하기에 이 밤 더욱더
님이 보고 싶고 그립구려

하기에 이 밤 술 취해 울먹이며
나는 님을 찾고 있네요
내 사랑했던 님
고운님을…

배반하고픈 운명

우리는
아는 것도 없고
가진 것도 없었다
하지만
서로 믿고 의지하며
서로 사랑하려 노력했다
서로를 위해서라면
우리는 무조건 헌신했다

왜냐구?
우리는 서로 사랑했으니까
그렇게
힘들게 노력하며 쌓아온
우리의 사랑 탑이
너무도 어이없이
무너져 내렸다
너무도 힘없이 말이다

진정 사랑했는데도
지키지 못한 내 님 고운님이

먼 길을 떠나셨는데
모두들 운명이라 하더군요

그러나 이것이 운명이라면
나는 정녕 배반하고 싶소
잃어버린 내 사랑을
다시 찾을 수만 있다면
나는 운명을 배반하고 싶소

그리워

전에
농담 삼아 말했지
당신이
나보다 먼저 가시면
아마도 난
알코올중독자가 될 거라고
꼭 그래서는 아니지만
당신 생각이 날 때마다
자꾸 술에 힘을 빌리게 되네

그러나 이보게!
술 취한 나를 보지 말고
주위를 한번 둘러보시게나
우리가 꿈에 그리던
전원생활이 아니던가
그것도 당신이 늘 살고파하던
비봉으로 왔다네

그러나 이 사람아
어찌 이 모든 걸 버리고 가셔서

나를 외롭고 슬프게 하시는가
더도 덜도 말고 나보다 딱
일주일만 더 서시겠다더니
어찌 그리 빨리 가셔야만 했는가

하나에서 열 모든 것에
당신의 손길이 필요한데
당신은 떠나시고 없구려

하기에 나는 외롭고 슬프다네
당신이 그리워 너무도 그리워
자꾸만 슬퍼진다네

1번

1번을 누르면
"응, 왜에" 하며
언제나 밝고 맑은
목소리가 들려왔는데
정겨운 님의 음성이
들려왔는데

1번을 누르니
"지금 거신 번호는
없는 번호이오니" 한다
님의 전화번호였는데

1번을 누르면
언제나 밝고 고운
목소리가 들려왔는데
정겨운 님의 음성이
거기 있었는데

이제 1번은
없는 전화이오니 한다

너무도 허무하게
님과 함께
전화번호도 사라졌고
님의 손때 묻은 모든 것이
이렇게 내 주위에서
시나브로 떠나가고 있다
님의 그림자가 지워지고 있다

무능

내 님은
정에 굶주리며
살아온 내게
사랑과 희망을
심어준 사람
내게 꿈과 용기를 준 사람
그 사람이 내 님이었는데

그 사람이
먼 길을 택할 때
나는 두 손 놓고
바라보고만 있었네
사랑한다며
정말 정말 사랑한다며
그저 두 손 놓고
멍하니 바라만 보았네

님이 머나먼 길을 떠나시는데
그저 멍하니 바라만 보았네
그러다 님이

먼 길 떠나신 후에야
나는 알았네

나에 무능함과
한없이 어리석었음을
사랑한다며
사랑하는 사람을
너무도 힘없이 놓아버렸네

님이 떠나시는 데
손 한번 내밀지 못하는
나는 어리석고 무능한
인간이었네

우리는 하나

내가 얼마나
당신 좋아했는지 알지요
난 그저 당신 곁에만 있으면
모든 것이 다 필요 없었지요

당신도 말했듯이
“나만 있으면 모든 게 다 싫지”라고
그래요 나는 늘
당신 곁에만 있고 싶었지요
나에게 꿈을
나에게 행복을 안겨준
당신은 내게 있어
둘도 없는 천사였으니까요

정말로 나는
당신 많이 좋아했지요
그러니 머나먼 그곳에 가셔서도
나를 잊지 마세요
우리는 언제나 하나였으니까요
우린 서로 사랑했으니까요

주님 축복을

주님
사랑의 주님
저기 아파하는
모든 장애우들을 도우소서

저들에게
건강한 삶과 행복을 주시고
저들에게
희망과 용기를 주시옵소서

저들이 살아갈 수 있는
목표를 주시옵시고
장애를 딛고 이길 수 있는
힘과 꿈을 주시옵소서

저들에게
주님이 축복하셔서
저들의 삶을 빛나게 하옵소서

당신께 드리는 편지

5월 16일
당신이 모든 것을 놓아버린
그날이 벌써 6개월이나 되는 구려
잊으려야 잊을 수 없는 그날이 말이요

하기에 벌써 찬바람이 불어와
밤으로는 '추워' 소리가 절로 나는 구려

이렇게 서늘한 바람이 불어올 때면
우리는 갯벌을 찾곤 했지요
가을 망둥어가 최고라며 낚시를 했고
바지락을 캐며 즐거워했지요
라면은 바닷가에서 먹어야
제 맛이라며 맛있게 먹기도 했는데

이제 나는 그 모든 것을 놓고 앉아
그저 먼 하늘만 바라보며
당신 생각에 빠져드는 구려

언제 어디서 무엇을 하든

항상 한 모퉁이가 비어있는 것 같아
내 마음 나도 어찌해야 좋을지 모른다오

가엾은 당신이
너무도 힘없이 떠나가신 당신이
너무도 안타깝고 불쌍해
도무지 당신 생각은 내 곁을
떠날 줄 모르는 구려

조금만 더 아주 조금만 더라도
내 곁에 있어 주었더라면 하는 아쉬움에
나는 못내 당신을 잊지 못하는 구려

사랑했기에 정말 사랑했기에 말이요

낮과 밤

님이
내 곁에 계실 때엔
모든 것이
꿈동산이었고
모든 것이
희망이었으며
모든 것이
행복이었다네

그러다 님이
내 곁을 떠나신 지금
모든 것이
절망으로 바뀌었다네
님과 함께했던
모든 것이
기나긴 어둠 속으로
사라지고 말았다네

하기에 나는
끝도 없이 어두운 절망(絶望) 속에서

님을 찾아 헤매고 있다네
님과 함께였던 꿈을 찾아
사랑을 찾아서 헤매고 있다네
님과 함께였던 그 시절의
꿈과 행복을 찾아서

잃어버린 사랑

이보시게!
내게 사랑을 주시려면
끝까지 주셔야지
이렇게 중간에 떠나버리시면
정에 굶주리며 사랑이 그리운
이 한 몸 어떻게 해야 하는 가요

어린 시절의 꿈이
어른이 되어서도 똑같은
그런 외로운 나그네인데
그렇게 말없이 떠나버리시면
나는 어떻게 하지요?
이것이 정녕 운명이라는 건가요
어쩌다 사랑의 고삐를 놓쳐버려
내 사랑을 잃어버리고도
나는 그저 웃으며 살아야 하나요

하기에 나는
너무도 연약하고 쓸모없는
그저 그런 인간이었나 보네요

사랑하면서도
사랑했으면서도 어쩌지 못하고
그저 눈물만 떨구어야 하는
너무도 허무하고 허약한
지나가는 나그네가 되었네요
쓸쓸하고 외로운 나그네가
되고 말았네요

철부지

고운님 내 님은
이 못난 나를 위해
당신이 떠나신 뒤까지
염두(念頭)에 두고
모든 것을 준비하셨거늘
나는 아무것도 모르는
그냥 철부지였습니다

내 님은 언제나 늘 그 자리에
계실 줄만 알았습니다
이제 님이 떠나신 후에야
하나씩 둘씩 서서히
님의 속 깊은 사랑이
보이기 시작하네요

이 못난 놈의 후의(厚意)를 걱정한
따뜻한 님의 보살핌이
보이기 시작합니다
나 같은 놈도 서방이라고
고운님 내 님은 이렇게

빈틈없이 나를 위해
준비해 오셨거늘
나는 아무것도 모르는
그냥 철부지였네요

하기에 한없이 부끄럽고
한없이 내 자신이 원망스러워
그저 회한(悔恨)의 눈물만
흘리고 있네요

속 깊은 님의 사랑에
감사를 드리며…

어우, 짜아

커다란
배추김치 한입
통째로 밥에 얹어
힘껏 구겨 넣으면

커다란
배추김치 한입 통째로
손 두부에 돌돌 말아
한입 힘껏 구겨 넣으면

어김없이 날아드는
님의 잔소리는
"어이쿠 짜아!"
"또 물 먹을라고 그래"

그때는 그 소리가 싫었는데
이제와 생각하니
그때가 행복이었다네
그때가 정녕
행복한 일상(日常)이었다네

지금은 이렇게
님의 잔소리가 그리운
그 시절 그렇게 싫던
님의 잔소리가 그리운
그때가 정녕
행복한 시절이었다네

가을 냉이

며칠 전 TV에서
가을 냉이는
문 닫아 걸고 먹는다며
냉이 무침을 하더군

하기에 오늘
냉이를 캐러 나섰지
무심코 한참을 캐던 나는
생각에 젖고 말았네

언제나 산과 들을 헤매며
냉이랑 황새냉이랑
씀바귀를 캐러 다니던 님
잔뜩 캔 나물자루를 들어 보이며
한동안 반찬 걱정 안 해도 된다며
활짝 웃던 님

아픈 몸 힘든 줄도 모르고
함께 산과 들을 누비던
조금은 말괄량이 같던 님

그 님은 지금 어디로 가시고
나만 홀로 이렇게
냉이를 캐고 있을까요

불쌍하고 가여운
내 님이 너무도 그립고 보고 싶음에
어느새 눈가엔 눈물이 일렁이네

내 님이 너무도 그리워
한동안 참았던 눈물이
두 볼을 타고 흘러내리고 있네요

속물

내가 바보 같아서
내가 너무 미련 맞아서
아니야 그건 변명이야
내가 속물(俗物)이기 때문에
이기적인 놈이라서
나는 님을 떨쳐버린 거야

사랑한다면서 사랑했다면서
모른 척 나는 그렇게
님을 떨쳐버린 거야
내 사랑을 나의 모든 것을
훨훨 털어버린 거야

혹시나 하는 기대 속에
혹시나 또 다른 신비(神秘)가
있지 않을까 하는 기대감에
짐짓 모른 체 그렇게
떨쳐버린 거야

속으로는 이기적이고

비열한 짐승이면서도
겉으로는 안 그런 척
슬퍼하는 척하면서
그렇게 밀어버린 거야

사랑한다면서 사랑하는
나의 모든 것을 그렇게
떨쳐버린 거야

님

님은 희망이요
님은 꿈속이며
님은 사랑이여라

님이 있기에 희망을 품었고
님이 있기에 꿈을 가졌으며
님이 있기에 사랑도 알았지

님은 나의 모든 것이며
님은 또 다른 나를
만드셨지요

해서 나는
님을 사랑하려합니다
영원히 사랑하려합니다
고운님 내 님을…

제2장

이정표

그냥 그렇게
옆에만 있어도 좋았고
그저 그렇게
보고만 있어도 좋았지
님이 계셨기에
나는 나의 길을 갈 수 있었고
님이 계셨기에 나는 나의 꿈을 꿀 수 있었지
그러나 님 떠나신 지금
나는 나의 모든 것을 잃고
방황하고 있다네
님 그리워하면서
길가에 세워진
이정표처럼
내가 가는 길을 잡아주던
그 님이 떠나신 지금
나는 방향 감각을 잃고
허허 들판을 헤매고 있다네
님 그리워하며
님을 찾아 헤매고 있다네

행복한 추억

우리 지난날
그때는 행복인줄 몰랐네
이제 뒤늦게 뒤돌아보니
그때가 정녕 행복이었네

님은 병든 몸을 이끌고
아픔을 참아내며
바지락을 찾을 때
나는 수많은 돌을 들추며
사시랭이와 낙지를 찾았지

그리곤 우리
환하게 웃으며 즐거워했지
쌈박하게 한탕했노라며
우리는 무엇을 하던 본전을 찾는다며
기름 값을 뽑는다며
내 님은 몹시 즐거워했지

그런 밝은 모습이 너무 좋아
나 역시 덩달아 즐거웠지

당신은 먹지도 않으면서
저를 위해 같이 동행하는
내가 고맙다며 님은 미안해하면서도
많이 좋아했었지

그래요 이제사 뒤돌아보니
그때가 정녕 행복이었고
사랑스러운 우리의 일상(日常)이었다네
지금은 꿈에서나 그릴 수 있는
우리의 일상(日常)이었다네

노란 들국화

언덕바지
큰길가에 핀
노오란 들국화
결코 화려하지도
우아하지도 않은
내 님 닮은
노오란 들국화

비탈진 산길에 서서
수줍은 듯 웃으며
소슬바람과 노닐고
은은한 향기를 내주는
노오란 들국화

그러나
그토록 싱그럽던
너 너는
간밤에 내린
백설을 못 이겨

고개를 떨구었구나
내 님이 떠나시듯
너 또한
그렇게 떠나가는 구나
그토록 싱그럽던
너 또한
떠나가고 있구나

먼 길 떠나신
내 님처럼 말이다

행복한 나비

이런 사랑
저런 사랑
사랑은 정말 많지요
그래서 모두들
사랑 타령을 하구요
해서 나도
사랑이 참 좋습니다

그 중에서도
내가 가장 좋아하는 사랑은
단내 물씬 나는
님의 속내 깊은 사랑이지요
님이 베푸는
속내 깊은 사랑 말입니다

내 가족과
내 서방을 챙기며
당신을 희생하는
단내 물씬 나는
님의 속내 깊은 사랑이

나는 정말 좋습니다
당신의 모든 것을 희생하며
오로지 내 가족을 위해
외길을 걷고 있는
당신의 속내 깊은 사랑에
흠뻑 취한 나는
정녕 행복한 나비랍니다

고운님 내 님 품안에서
님의 사랑 머금고 나래짓하는
나는 진정
행복한 나비랍니다

길

지난 겨울 이맘때
당신과 나
이 길을 걸었는데

털실을 사겠노라며
청계천에서
벼룩시장까지
아픈 몸
힘들어 하면서도
당신과 나
이 길을 걸었는데

오늘 나는
홀로 이 길을 걷는다
당신 생각에 빠져
마치 영혼이라도
이탈한 것처럼
멍하니 이 길을 간다
힘없이 힘없이 말이다

모두들 활기차게
이 길을 걷는데
나만 홀로 힘없이
이 길을 걷고 또 걷는다

내 사랑하던
님을 생각하며
님과의 추억을 더듬으며
이 길을 또 걷는다

주막

주막 한 켠을
차지하고 있는
많은 사람들
흥에 겨워
웃음꽃이 핀다

정녕 살아있음에
넘치는 생동감
가는 길
가고자 하는 길
서로 방식은 달라도
모두의 꿈
또한 다를지라도
이곳 주막에선
모두가 하나다

이처럼 세상 모두가
하나 된다면
얼마나 좋을까
이것이 삶이요

인생(人生)인 것을
우리 이처럼
한데 아우러져
희희락락(喜喜樂樂)해볼까

쉬이

올 겨울엔
잊을 수 있을까요
그러나
쉬이 잊혀지지
않을 것만 같네요

앙상한 나뭇가지에서도
님의 숨결이 느껴지는데
쉬이 잊혀 질까요

잊으려 하면 할수록
그리움은 더해 가는데
님의 모습은
더 더욱 또렷해지는데
어찌 쉬이
잊을 수 있을까요

못 다한 내 정성이
너무도
가식적인 것 같아

많은 후회를 하기에
더욱 잊을 수가 없네요

좀 더 보듬어 안고
가꾸어야 했거늘
그러지 못했기에
나는 쉬이 잊을 수가 없네요
쉬이…

사랑했는데

이제
마지막 장을 넘기며
가슴 울먹한
한 해를 보내고 있다

이 해에
나는 가장 소중한
님을 잃어야 했으며
많은 눈물을 흘려야 했다

꺼져가는 불꽃을
꺼져가는 생명을
멀어져가는 사랑을 지켜보며
애태우고 몸부림쳐야 했다

허나 매정한 님은
먼 길 떠나가시고
나만 홀로 남았다
하기에 님없는 해를 보내며
님없는 새해를 맞는다

새해엔 내가 회한(悔恨)에 젖어
옛날로 돌아갈 수 있을까
생각 없이 떠들며
생각 없이 행동하고
생각 없이 퍼마시던
옛날로 돌아갈 수 있을까

허나 아른거리는 님의 얼굴은
보고 싶은 님의 모습은
이젠 다시 볼 수 없겠지
사랑했는데
정녕 사랑했는데 말이다

위선자

그날의 그 모습엔
무엇인가 전하려는
그 말투 그 표정에는
무엇인가를 전하려는
낯선 그런 표정이었는데
왜 좀 더 알려고 하지 않았을까

틀림없이 무엇인가를
전하려고 했는데
난 그냥 지나쳐 버렸고
시간이 많이 흐른 지금에야
그날을 되새김질하고 있다

조금만 더 님에게
신경을 썼더라면
마지막 가는 길에
무엇인가 무슨 말인가
있었을 것 같은데
그랬다면 이토록 내 마음이
아프지 않을 수도 있었을 텐데

왜 그토록 무심해야 했을까
님을 정말 사랑한다면서
까 혹 사랑한다는 것이
거짓이나 위선이 아니었을까

그렇기에 님을 사랑하는 척하면서
짐짓 지나쳐 버린 것이 아닐까
그렇다면 나는 둘도 없는 위선자
악마 같은 위선자일 뿐이다
한낱 떠돌이 양아치에 불과한
위선자일 뿐이다

옛길

낯익은 모습
낯익은 거리
이 길을 오갈 때면
우리는 꿈을 꾸었고
이 길을 오갈 때엔
함박꽃처럼 웃기도 했고
이 길을 오갈 때엔
우리는 행복을 노래했는데

이 길을 오고가건만
왜 이다지도 낯설고
난 이방인처럼 되었을까

마주하고 깔깔대던
내 님은 어디 가시고
나만 홀로 외로이
낯익은 듯 낯선 거리에서
서성이고 있을까

곱던 내 님은

어디로 가시고
나는 이렇게 외로운
나그네가 되었을까

내 님은 지금쯤
무엇을 하고 계실까
보고 싶은데
보고 싶은데 말이다

그리움

그리움은 왜
날이 가고
달이 갈수록
더욱더
깊어만 지는 가

하기에
골은 깊어지고
나는 맥없이
깊은 골짜기를 헤매며
너를 아니 내 사랑을
잊지 못해 찾는데
꿈속에서나 보려나
꿈을 꾸려 해도
약속한 님은
오시지를 않네

보고 싶은데
마냥 보고 싶은데
님은 오시지를 않네

하기에 더욱더 깊어지는
그리움을 잊으려
이 밤도 암흑의 골짜기를
헤매고 있다네

고운님 내 님의
향기를 찾아서

방랑자

님 떠난 지금
나는 어디로
가고 있는 걸까

갈 곳도 목적지도 없는데
나는 인생열차를 타고
어디론가
쉬임없이 가고 있다

꿈도 희망도
목적의식도 없다
그저 그냥 그렇게
마냥 흘러가고 있다

아무런 계획도 없고
무엇을 어떻게 하겠다는
야무진 생각도 없다
그저 머릿속에는
님 보고 싶다는
생각 말고는 아무것도 없다

먼 훗날
무슨 이야기가 있을지는
나도 모른다

지금에 나는
그저 무의미한
하루해를 까먹고 있다
오로지
님보고 싶은
그것뿐이다

비빔국수

회관에서
비벼준
비빔국수 한 그릇에
나는 또
울고 말았네

님 생각에
님 손맛이 그리워서
채 썰은 감자에
채 썰은 호박에
양파를 썰어 넣고
달달 볶아
고추장 양념에 비벼주던

아니 때로는
잘게 다진 김치에
참기름을 담뿍 넣어
함께 비벼주던
고추장 양념과
함께 비벼주던

님이 해주던
그 비빔국수가 생각나서
나는 또 울고 말았네
비빔국수가 목이 메여
울고 말았네

님이 해주던 비빔국수가
눈에 어른거려
바보처럼 울보처럼
또 울고 말았네

공식이 있다면

아무런 희망도 없다
그저 한잔 술에
내 모든 것을 맡긴 채
추운 거리를 헤매고 있다

아무런 생각도
깨달음도 없는 텅 빈 깡통이
길거리에 나뒹굴듯
나는 그렇게
매섭게 추운 거리를 헤매고 있다

왜 무엇 때문에
이렇게 버티어 내야하는 걸까
무엇을 어떻게 하겠다는
그런 야무진 생각은 더더욱 없다

이럴 때엔 차라리
삶의 대한 공식이라도 있다면
그대로 그렇게
따라해 볼 텐데 말이다

그러나 불행하게도 그런 것은 없다

세찬 바람 속으로 지나가는 낯선 이에게
목례를 하며 계면쩍게 웃어본다
마주보며 웃음 짓은 그의 표정 뒤에는
"미친놈"하는 비웃음이 보인다

그러나 어쩌랴
하기에 앞으로의
내 남은 인생이 불현 듯 궁금해진다
어떻게 무엇을 하며
생을 이어가고 있을지 말이다

봄내음

수원성 성곽을 따라
봄눈이 눈을 뜨네요
나뭇가지 가지마다
실눈을 뜨고
선 하품을 하네요

봄이련가 기웃거리며
훈훈한 봄바람이
겨우네 얼었던
온몸을 녹이고 있네요

도심 속 드높은
울타리 위에서도
스을쩍 기지개를 켜네요

하늘은 찌뿌듯한데
새 생명들은
아랑곳 하지 않고
마치 기다렸다는 듯이
기지개를 켜네요

잔뜩 찌푸린 하늘 밑으로
이런 냄새 저런 냄새
맛있는 냄새가
봄내음과 함께
후각을 괴롭히고 있네요

활기차고 힘찬
사람들의 발걸음과
함께 말입니다

사랑

님이
떠나신
빈자리에
덩그러니
남아있는 사랑은
보이지도
내음도 없는데
그 사랑은
온통 그 모든 것을
에워싸고 있구나

보고 싶다는
그리웁다는
짧은 단어 속에
자리 잡고 앉아
그 모든 것을
에워싸고 있구나

아무것도
보이지는 않는데

사랑만은
그렇게 남아
나를
어루만지고 있구나

우리
진정
사랑했기에
말이다

생각은 부재중

나는
나를 모른다
하기에
내일 일도 모른다

내일에 나는
어떤 길을 가고 있을지
또 무엇을 하며
왜 무엇 때문에
삶을 영위하고 있는지
생각이나 꿈은 있는지
나 자신 잘 모르겠다

무엇을 어떻게
헤쳐 나가야겠다는
그런 거창한
목적의식도 없이
그저 그런
하루해를 지우고 있다

곧 있으면
님의 생일이 오는데
님 떠나신 후
처음 돌아오는 생일인데

나는 안개 속에 갇혀
허우적거리고 있다
님을 그리며…

보석

못난 나를
오로지 서방이라
일컬으며
당신의 모든 것을 희생하신
님 생각에
님이 베풀어준
그 깊은 사랑에
아니 그 사랑이
너무도 그리워서
이 밤도 한잔 술로
찌들어 가고 있네요

남들이 보기에는
보잘것없는
사람이었는지는 모르나
내게 와 닿는 그 사람은
세상에 그 무엇과도
바꿀 수 없는
값진 보석이었으며
내겐 또 다른 나였는데

왜 이제야
님 떠나신 이제야
깨닫게 되었을까요

그 속내 깊은 사랑을
왜 이제서야 깨닫고
몸부림쳐야 할까요

왜 이제서야
님의 사랑과 님의 존재를
알게 되었을까요
나의 수호천사(守護天使)였는데

후회

너무 복이 넘쳐서
님의 사랑쯤은 안중(眼中)에도 없었네
그저 나 잘난 줄만 알았지
님의 사랑은 안중에도 없었네

내 님은 나를 위해
당신이 지닌 모든 것을 주어왔는데
배부른 탕아(蕩兒)는
님이 베푸는 깊은 사랑 속에서
살아가면서도 제멋에 겨워
님의 속내 깊은 사랑은 몰랐다네

그러다 이제
님 떠나신 이제서야
내가 걷고 있는 길이
보이기 시작했는데

아~ 아 어쩌랴
이제와 후회한들 흘러간 꿈인 것을
이제와 후회하며 울부짖은들

세월은 너무 멀리와 버린 것을
이제 눈물 속에서 되돌려 보고파 하지만
이미 님은 먼 곳으로 떠나고 안 계신 것을
뒤늦게 너무도 뒤늦게 깨달은
수호천사(守護天使) 당신의 사랑을
어디에서 찾을 수 있을까요

잃어버린 당신의 사랑이
나의 모든 것이었는데
진정한 행복이었는데…

방황

잔뜩 찌푸린 날씨가
매우 을씨년스럽다
모든 사물들도 움츠린
네거리에 서서 먼 하늘을 향해
초점 잃은 동공을 던지고 있다

딱히 갈 곳도 목적지도 없다
그저 발길 닿는 대로 걷고 있다
작은 마음 쏟아놓을 곳이 한 곳도 없다
허허한 들판에는
나를 반겨주는 이 또한 없다
그래도 나는 걷고 또 걷는다
마음속으로는 님의 안식을 빌며
그렇게 빌고 또 빌며
나는 계속 걷고 또 걷는다

그리움을 삭히려
옛 추억을 지워보려고
아니 아니다
따스한 님의 정이 그리워

나는 오늘도 눈시울을 적시고 있다

황량한 벌판을 내달리며
그렇게 또 울고 있다
님이 그리워서
님이 보고파서 말이다

부럽다 부러워

아지랑이
일렁이는 들판에
젊은 부부
나물 캐러 다니네
히히 하하 웃으며
봄을 즐기고 있네

부럽다 부러워
정녕 부러워
우리 님 살아생전엔
우리 또한 저랬건만
산과 들을 누비며
냉이랑 달래랑
씀바귀를 캐며
호호 하하 웃었는데

그때는 그것이
행복인지 몰랐는데
소리쟁이 된장국에
냉이무침을 먹으며

즐거워하던 그때가
이제는 꿈이 되어 버렸다네

님과 함께
자연에 살던 그 시절이
꿈이 될 줄이야
장난기 넘치던 그 시절이
꿈이 될 줄이야

잃어버린 꿈

잃어버린 세월
바람처럼 지나가버린 세월을
우리 못 잊은 것은
그 세월이 내게 주던
꿈과 행복과 사랑을
미처 알아채지 못하였기에
아쉽게 놓쳐버린 그 세월이
흐르는 물처럼
흘러가버린 그 꿈이
생각조차도 못하였던 삶이
너무도 아쉽고
너무도 허무해서
때늦은 후회로
마음 아파하지만
돌아오는 것은
헛헛한 후회뿐이네

나 어쩌다 이렇게
후회뿐인 삶을 살았을까?
나 그 시절에는

무슨 생각을 했었을까?

아~ 아 너무도 아쉬운
내 인생(人生)이여! 나의 삶이여!
너무도 부끄러운
내 젊음이여!
조각조각 부서져버린
내 젊은 시절의 꿈이여!

삶

세월의 흐름 속에
꿈과 삶이 존재하고
그 꿈과 삶을 위하여
우리 모두는 그렇게
앞만 보고 달려가고 있는데

계절은 쉬임없이
탈바꿈을 하고
우리들의 꿈과 삶도
계절을 따라 흐르고 있다오

그러나 누가 알겠소
그 틈새에선 우리네 삶
또한 흐르며 변화하고 있음을

앞일도 모르고
후의도 모른 채로
우리도 그렇게
마냥 흘러가고 있는 것은
삶의 지친 영혼들이

허우적거리며 삶을 찾고
꿈과 희망과
한 가닥 밝은 빛을 기다리며
그렇게 남은 삶을
지탱하고 있다는 것을…

빚

어느 날 문득
꿈에서 깨어나듯
그렇게 님의 사랑을 깨달았으나
미처 그 고마움을 갚지도 못했는데
시간도 기회도 주지 않고
변명할 여유조차 주지 않고
님은 그렇게 먼 곳으로
아주 머나먼 곳으로 떠나셨네요

이제 마악 꿈에서 깬 듯
님의 진솔하고 속내 깊은 사랑을 알았는데
님은 매정하게 떠나 가셨네요

님이 베풀어 주신 그 많은
사랑의 빚을 어떻게 갚으라고
어떻게 무엇으로 청산하라고
그렇게 말없이 가셨을까요

내게는 너무도 힘든
그리움을 남겨 놓으셨을까요

나 정녕 님을 사랑했는데
님은 말없이 머나먼 길을
떠나시고 말았네요

사랑의 빚만 남겨 놓은 채
그렇게 떠나셨네요

DNA

어느
영화나 소설 속에
주인공처럼
DNA를 복제해
"아저씨"하고 부르며
짠— 하고
내 님이 나타난다면
나는 까무러칠 텐데

너무 너무 좋아서
까무러칠 텐데
그것은
꿈이나 공상영화에서나
나올 수 있는
이야기겠지요?

그러나 그런 꿈이라도
꾸고 싶네요
미친놈처럼
마냥 거리를 헤매고 다녀도

꿈은 꿈으로 끝나고
보고 싶은 그리움은
봄비를 맞은 풀잎처럼
마냥 자라나고 있네요

머언 훗날을 기약하듯이
그렇게 말입니다

깨달음

이 세상에 귀한 것이 있다면
돈? 명예?
아니, 아니 그것은 행복이라네
그것은 사랑이라네
그 무엇보다 귀한 것은
님의 끝없는 사랑이었는데

난 정말 몰랐다네
돈도 명예도 나를 감싸주지 못하니
나 이제 어떻게 할까
오직 그립고 가까이 하고픈 것은
내 님 내 사랑 뿐인 것을
이 세상 그 무엇도
내 님을 대신할 수 없는 것을

내게는 오직
내 님 사랑만이 필요한 것을
때늦은 이제서야
새삼 알게 되었을까
때늦은 지금에서야…

제3장
세월

사랑한다며
사랑했다며
먼 길을 돌고 돌아
이제야 사랑인줄 알았고
좋아한다며
좋아했다며
모진 풍파를 넘어서야
진정 좋아했음을 알았네
아아 너무도 덧없이
너무도 멀리 흘러버린
세월에 뒤켠에 서서
떠난 님 그리워
아쉬워하지만
매정한 세월은
조용히 비웃고 있구려

숨바꼭질

어!
목련이 피네
목련이 피고 있어
어느새 개나리도 피고
진달래도 피었네

이렇게 모든
만물이 소생(蘇生)하고 있는데
내 사랑
내 님은 어디에 계실까
고추잠자리도 아닌데
어디에 숨어 계실까

보고파 마냥 보고파서
나는 파랑새를 찾는데
님의 체취(體臭)와
님의 숨결이 그리워
님의 흔적(痕跡)을 찾으며
낯선 듯 낯익은 거리를
하염없이 헤매고 있는데

야속한 님은
인기척도 안하네

보고 싶은데
정녕 보고 싶은데 말이다

옛 추억

제부도
갯벌에 나가
소라도 줍고
피조개도 줍고
미역도 한바구니 줍고
내 님이 좋아하던
사시랭이도 잡았다네
옛 생각하면서 말일세

그러나 왠까
내 마음은 열리지 않고
즐거움도 찾을 수 없다네
여기 매바위 이쯤에서
쪼그리고 앉아
바지락을 캐던
님의 모습 떠올리며
옛 생각을 한다네

저기 저기쯤에서
님은 쪼그리고 앉아

바지락을 캤는데
님의 모습은 간곳이 없고
일렁이는 파도만 철썩이고 있구려

매바위만 홀로서서
파도와 노닐고 있구려

다툼

노인 하나
노인 둘
길가에 버려진
폐지 한 조각
두 노인네
내가 먼저 보았노라
내가 갖겠노라
작은 다툼 벌어지네

정녕 보잘것없는
폐지 한 조각에
두 노인네 다툼하고 있네

왠까 보잘것없는
폐지 한 조각에
삶에 다툼이라니
어려서의 꿈과
젊은 시절의 야망은
다 어디로 가고
버려진 폐지 한 조각에

다툼하는 삶이 되었을까

그 어떤 수많은 아픔과
고뇌의 세월이 흘렀기에
저리도 힘든
삶을 살아야 할까

이것이 정녕
주어진 삶에 흐름일까?

너희는 아는가

당신은 진정
행복을 아는가?
정녕
진정한 행복 속엔
학벌도
경력도 필요 없는가?

그러나
수많은 사람들
학벌 찾아
경력 찾아
세상을 헤매는데
참다운 행복 속엔
돈도 명예도 필요 없는가?

그러나
수많은 사람들
돈을 찾아
명예를 찾아
세상을 헤매는데

정작 행복은 웃고 있지요
저만치 서서
웃으며 물어 보네요
진정한 행복이 무엇인지
너희는 아느냐고

무엇을 행복이라 하는지
너희는 아느냐고
말입니다

잃어버린 님

잃어버린 기억이
더 소중(所重)하고
잃어버린 추억이
더 그리우며
놓쳐버린 고기가
더욱더 크듯이
그 어떤 꽃보다
더 아름다고
더 고운님이었습니다

그러나
사랑했지만 잃어야했고
사랑했지만 놓쳐버렸기에
그 사랑이
더욱더 아름답고
그 사랑이
더욱더 고귀(高貴)하였습니다

하기에 오늘도
님을 찾아

님의 흔적(痕跡)을 찾아
낯선 거리
낯선 하늘 위로
날고 있습니다

부러진 날개를
추스르면서 말입니다

성모님께 드리는 기도

천주의 성모님!
우리 님 굽어 살펴주소서
은혜로운 성모님의 은총과
자비를 베푸시어
생전에 지은 죄를 용서하시고
연옥에서 구원받아
 주님 동산에 들어갈 수 있도록
우리 주 그리스도께 빌어주소서

비록 보잘것없는 님이었으나
그 누구보다 더 주님을 믿고 의지했으며
주님을 사랑하고
주님 가까이 가고자
수많은 노력을 아끼지 않았으며
주님 가까이 가기 위해서
병들어 아픔 몸을 이끌고
밤잠과 새벽잠을 이겨가며
찬이슬 찬 서리도 마다않고
주님을 찾아다니던 사람입니다

하오니 그 정성을
갸륵하게 여기시고
그 노력을 가상히 여기셔서
주님의 은총과 자비를 베푸시어
주님 동산에 들어가
빛나는 주님 얼굴을 뵙고
영원한 안식을 취할 수 있도록
주님께 빌어 주시옵소서

성모님의 은총과 자비를 베푸시어
주님께 빌어 주시옵기를
간절히 소원하오며
우리 주 그리스도를 통하여 비나이다
아멘

님이 피운 꽃

내 마음 속에는
정녕 아름다운
꽃이 있었네요
향기 그윽한 꽃 중에 꽃이
내 마음 속에 있었네요

이 세상 그 무엇보다도
고귀(高貴)하고 영롱한 꽃
속내 깊은 사랑이
물씬 베어 나오는 꽃
그 꽃은 나를 사랑한 님이었습니다

진정 향기로우며
진정 그 아름다움은
그 무엇과도 비교할 수 없는
세상에서 가장 아름답고
향기로운 그 꽃은
사랑으로 꽃잎 만들고
헌신(獻身)으로 향내 이루는
정녕 고귀(高貴)하고 아름다운 꽃

속내 깊은 향기가
폴폴 피어나는 꽃
그 꽃은
내 사랑하던 님이었습니다

흔한 듯 흔하지 않은
이 세상 어디에도 없는 꽃
그 꽃은
내 마음 속에 자리 잡은
님이였습니다

절약

내 님 살아생전
주워 쓰고 얻어 쓰며
아끼고 또 아꼈는데
노잣돈 한 푼 없이
먼 길 떠나심이 왠 말인가

빈털터리 맨주먹으로
그렇게 떠나실 것을
왜 그리 궁색하게 사셨을까

누구를 위한 절약이며
누구를 위한 검소(儉素)이며
누구를 위해 아껴야만 했을까
님 떠나가신 지금에야
나는 알 것 같네

모든 것이 부질없다는 것을
님 살아생전 호의호식(好衣好食) 못하시고
검소(儉素)하게 사셨지만
먼 길 나서니 그만인 것을

왜 그리 궁색(窮塞)하게
사셔야만 하셨을까
좋은 곳으로 가신다는 보장도 없고
영생을 누리는 것도 아닌데

하기에 머언 길 떠나신
님이 더욱더 가련하구려
더욱더 안타깝기만 하구려

추억의 산수유

여보게!
벌써 봄이련가
영롱한 아지랑이와 함께
산수유 꽃이 만발했구려

당신과 나 둘이서
산수유를 따며
짓궂게 웃던 날이 엊그제 같은데
이제 이 봄엔 산수유 핀 길을
나 혼자 거닐고 있구려

당신과 함께였던
옛 추억을 그리워하며
하염없이 산수유를 바라본다오
당신 생각에 젖어
당신 그리움에 묻히고 말았구려

저 꽃처럼 수수했던 당신
언제까지나
내 곁에 있을 줄만 알았는데

당신이 먼 길 떠나실 줄은
꿈에도 몰랐는데
이제는 영영 내 곁에
안계시는구려

사랑했는데
정말 사랑했는데 말이요

잊지 마세요

님을 알고
님과 함께한
수많은 나날들이
내겐 진정한 꿈속이었고
내게는 넘치는 행복이었네

님이 계셨기에
나만이 느낄 수 있는 행복이요
님이 나를 보듬어 안았기에
꿈과 같은 평온(平穩)이 있었지

내 인생에 가장 큰 행복이며
그 커다란 선물은
님이 나를 이끌며
지켜주셨기에
이룰 수 있는 꿈이었지요

하기에 님을 잊을 수 없고
사랑할 수밖에 없는 님
님은 영원한 나의 수호천사(守護天使)

진정한 나의 동반자

고마워요
그리고 사랑했어요
영원히 나를 잊지 마세요
우린 서로 사랑했으니까요

시집의 탄생

님 그리워 주절주절
님 보고파 주절주절
주절거림은 어느 사이
작은 넋두리가 되고
넋두리가 흘러흘러 모이더니
싹이 나고 줄기가 돋아
푸른 나무가 되더이다
작은 노래가 되더이다

님 그리워 애태우던 심정이
님 보고파 슬퍼하던 설움이
주절거림을 지나 넋두리가 되고
넋두리는 작은 개여울이 되어
내 사랑 찾아 흐르는
주마등(走馬燈)이 되더이다
님께 드리는 노래가 되더이다

메모

을씨년스럽고
검은 하늘에선 비가 내리고 있다

후두둑 후두둑 쏴아
쉬임없이 내리는 빗속을
걷고 또 걷고 마냥 그렇게 걷고 있다

세월 한켠으로 지나가고 있는
아니 벌써 저만큼 멀어져 간
지난 추억을 곱씹으며
그렇게 걷고 또 걷는다

이제는 잊혀지고 있는
지난날의 그리움을 간직하면서
그렇게 이 작은 마음속에
메모를 하려한다

잊지 않겠노라고
영영 잊지 않겠노라고

껌딱지

"나아 난 말이야"
"아무 곳에도 가지 않고
당신 곁에만 있을 거야"
"당신이 짜증낸다 해도"
"난 껌딱지가 되어"
"찰싹 붙어 있을 거야"
"그리고 오래오래 살거다" 하더니
그 님은 말없이 먼 길을 떠나셨네요

그렇게도 당당하게
내 곁에 있어 나를 지키겠노라
껌딱지가 되겠노라 하더니
어느새 먼 길을 떠나셨네요

껌딱지 같은 나의 그림자
나와 함께 꿈을 키워가던
껌딱지 같던 나의 그림자 당신
부모형제를 잃은
커다란 슬픔 속에서도
짝을 찾아 떠나는 아이들의

크나큰 행복 속에서도
꿈을 꾸며 꿈을 줄 때에도
언제나 내 곁을 지키던 당신

우리들의 청사진을 그릴 때에도
아니 꿈속에서도
당신은 껌딱지처럼
늘 함께였는데
어느새 먼 길을 떠나신
당신은 진정 나의 껌딱지였소

기일

뇌사, 그래요
분명 뇌사 상태지만
당신의 체온을 느끼며
당신의 잠든 모습을
볼 수는 있었는데

그마저 앗아간
내게서 영원히 앗아간
그날이 다가오는데

한없이 보고 싶고 그리운
당신의 모습
영원히 볼 수 없는
그날이 다가오는데

나는 외로이
당신의 첫 기일을
준비하고 있네요

하기에 당신을 앗아간

그 세월이 한스럽네요
무척이나 당신을 좋아했는데
아니 정말 많이
아주 많이 좋아했는데
우린 이렇게
헤어지고 말았네요

그곳 하늘나라에 가계시더라도
부디 나를 잊지 마시고
꼭 기억해 주어요
우리의 사랑도 함께…

각인刻印

추억 저- 편
기억의 끝자락에 서서
잊으려 잊어버리려
아니 잊지 않으려고
기억의 끈을 놓지 않으려고
안간힘을 써본다

그만큼 님의 사랑이
따스한 온기가
풋풋한 님의 향기가
너무도 깊이 각인(刻印)되어
그 무엇으로도 지울 수가 없기에
더더욱 님이 그립고
님이 보고 싶기에
나는 기억의 끈을
추억의 메모지를
찢어버릴 수가 없다

이 작은 가슴 속에
이 좁은 생각 속에

담겨있는 님의 사랑은
그 무엇으로도
지우거나 없앨 수가 없다

진정 사랑했기에
아니 나 영원히
님을 사랑하고 싶기에…

목련

한 여름에
피어난 목련
너는
때를 잊은 듯싶구나

호랑나비 좋아라
목련 위에 춤추네

검푸른 녹음 속에
활짝 핀 저 목련은
무엇이 아쉬워
때늦은
아름다움을 뽑낼까

때늦은
사랑을 찾을까…

해안 길

제부도 해안 길을
님과 함께
거닐 땐
무섭다며 내 손 꼬옥 잡았는데
도란도란 이야기 속을
우리 함께 걸었는데

지금 나는
홀로 이 길을 걷고 있네
내 손 잡아주는 이 없는
이 길을 나는 걷고 있네

옛 생각에 젖어
새록새록 돋아나는
옛 추억을 더듬으며
혼자 웃고 혼자 울며
이 길을 걷고 있다네

님 그리워하면서…

발자국

해변가 모래섬에 발자국은
파도가 씻어 가는데
이 작고 여린
마음속의 새겨진
추억의 발자국과
그리움의 발자국은
누가 씻어주나요
만남의 발자국
이별의 발자국
사랑의 발자국 등
이렇게 셀 수도 없이 많은
발자국들은
누가 씻어주나요
파도처럼 씻어주는 이 없는
수많은 사연의 발자국들이
이 작고 여린
앙가슴 속에 차곡차곡
쌓여만 가는데
그리움은 더해만 가는데
씻어주는 이 아무도 없네요

요당리 성지

주님의 축복 속에
물 맑고 공기도 맑은
아름다운 풍광 속에
자리한 요당리 성지
이 아름다운 곳에
많은 사람들 모여 들었네

가는 길 서로 다르지만
모두의 마음 하나 되어
주님을 그리며
믿음을 다짐하며
주님의 축복 속에 모여 들었네

우리는 형제자매들
우리가 꾸는 꿈은 하나
굳은 믿음과 사랑으로 하나 되어
모든 이웃을 사랑하리라!
주님께로 가는 길 이정표가 되리라!
주님이 가르쳐 주신 어부가 되리라!

제부도 해변

가을바람 타고
파도는 춤추며
갈매기 때 노래하는
조가비 깔린 해변을
나는 홀로 걷고 있다네
아침 햇살 고요히
눈부신 빛을 뿌려주고
검푸른 수평선엔
이름 모를 배 한 척
유유히 떠가는 데
먼 듯 가까이서 보이는
추억 서린 매바위는
자연에 신비를 자랑하고
하이얀 물거품을 토해내며
파도가 노래하네
우리 서로
사랑하며 살자고
저 맑은 햇살처럼
우리 그렇게
맑고 밝게 살자고

영정과 함께

님의 영정을 모시고
제부도를 찾았지
님과 함께하였던
추억의 장을 보여주고파
님이 놀던 그 곳을 보여주고파
눈부신 아침 햇살을 쬐어주고파
님의 영정을 모시고
제부도를 찾았지

그립고 즐거웠던
옛 추억들을 되새김하면서
사랑하던 님에게
맑고 밝은 아침 햇살을
선사(膳賜)했지
사랑했기에
영원히 사랑하고 싶기에…

뚝방길

뚝방길 따라 길을 나서면
따사롭게 녹아내리는
햇볕 속으로 님은 스며들고
산들산들 불어오는
소슬바람 타고 흐르며
돼지감자 숲으로 숨어들지요

나를 지켜보는
님의 손길이련가
따사로운 햇볕을 등에 받으며
수수와 백년초 익어가는
뚝방길을 타고 흐르면
길옆으로 핀 크고 작은 나팔꽃과
이름 모를 잡초들이 손짓하는데
님 생각에 젖어 무거운 마음으로
나는 홀로 뚝방길을 간다

뚝방길을 따라 흐르는
물 맑은 실개천에는
송사리 피라미가

은빛 비늘을 번쩍이며
삶을 노래하는데
나는 님의 향기를 그리며
뚝방길 걷고 있다

님과 함께 걸었던
지나간 추억을 되새김하면서

거짓 사랑

사랑했기에
가는 길 멈추고
나를 찾아 왔는데
나는 너무도 무서워
피해 버리고 말았네

사랑한다며
진정 사랑했다며
나를 찾아온
내 님이 무서워서
훌쩍 피해 버리고 말았네

사랑한다며 왜
피해야만 했을까
주황빛 개량한복을
곱게 차려입고
나를 찾아왔는데
왜 나는 피해야만 했을까

마지막 모습 내게 주려고

나를 찾아 오셨는데
가시던 길 멈추고
나를 찾아 오셨는데
사랑한다며 사랑했다며
왜 무서워서 피해야만 했을까

나는 정녕 님의 껍질만
사랑했단 말인가
정작 숭고한 영혼은
져버리고 말아야만 했는가
참으로 빈 껍질만 사랑했단 말인가

진정 사랑했다 함은
아마도 거짓이었나 보네
진정 거짓이었나 보네

서리

국향 그윽한 가을
황금물결 이루던 들녘엔
어느새 찬 서리 불어와
허허 벌판으로 변했네

외로운 들국화 홀로 피어
청초한 자태를 뽐내며
갈대가 손짓하는 벌판엔
때늦은 달맞이꽃도
홀로 피어 추위에 떨고 있네

회상

님이 보고파
님이 그리워서
제부도를 찾았지

이 가을엔 우리
망둥어 낚시를 하자며
빙긋 웃던 그 자리
그곳에 왔는데
님의 모습 보이지 않고
검푸른 파도 위에
매바위만 우뚝 솟아
나를 반겨주는 구려

왜 혼자 왔느냐며
매섭게
파도만 휘몰아치는 구려

요당리에서

수많은 형제자매들
은혜의 장에 모였네
손에 손 잡고 모두 함께
은혜의 장에 모였네
봉사와 사랑을 배우러
여기 요당리 성지에 모였네
진정한 삶과 사랑을 위하여
많은 사람들 모여 앉았네

은혜의 장에 말씀의 장에서
믿음을 다지며 사랑을 배우러
모두에게 주어진 삶이 다르듯
모두 다 꾸는 꿈 또한 다르지만
여기 사랑으로 하나 되어
믿음의 장에 모여서
이웃 사랑을 배우고 익혀
이 몸 받쳐 봉사하리라 다짐하네